I0816763

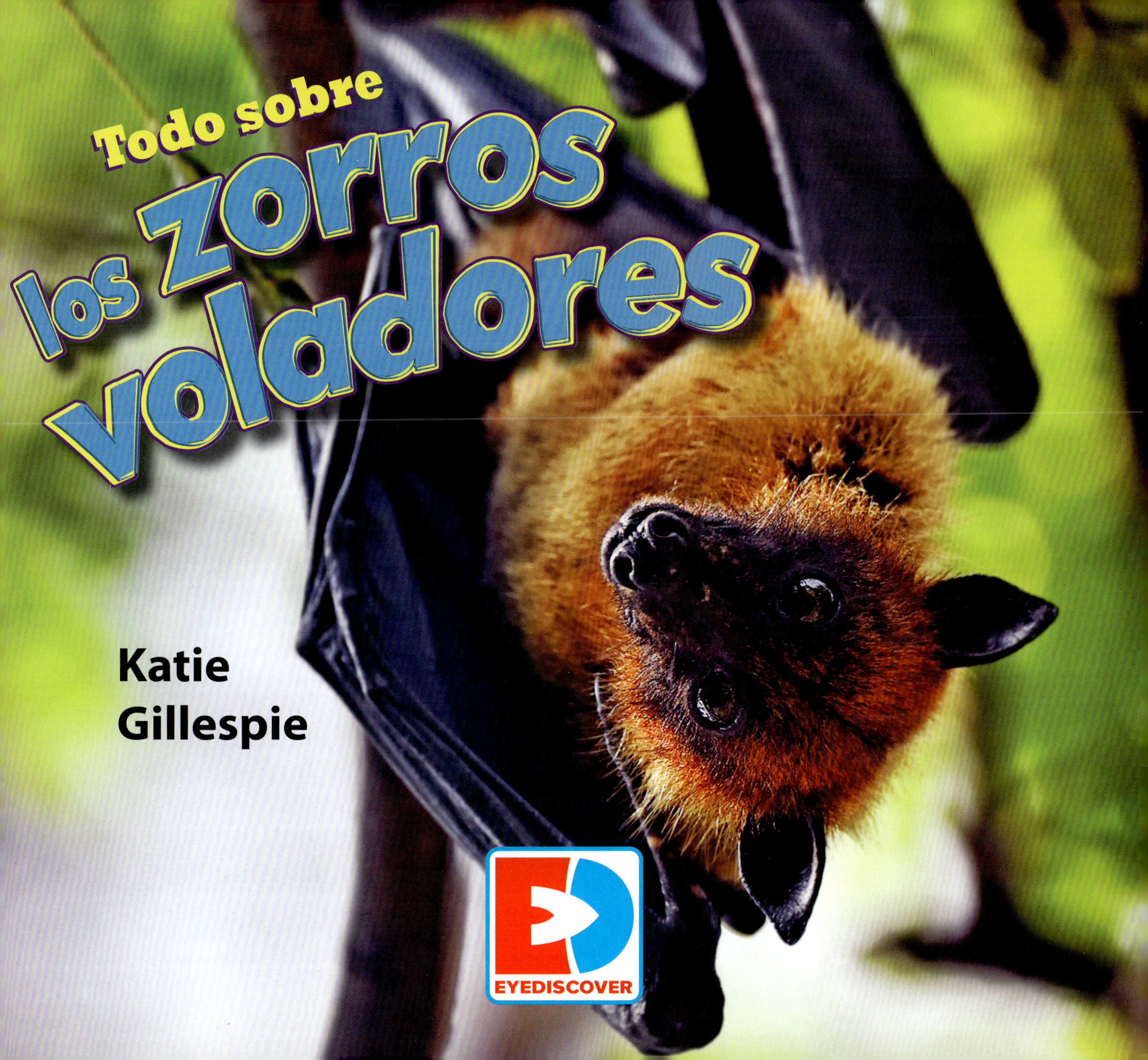

Todo sobre los zorros voladores

Katie Gillespie

EYEDISCOVER

Ve a **www.eyediscover.com** e ingresa el código único de este libro.

CÓDIGO DEL LIBRO

AVJ45532

EYEDISCOVER te trae libros mejorados por multimedia que apoyan el aprendizaje activo.

Published by AV2
276 5th Avenue, Suite 704 #917
New York, NY 10001
Website: www.eyediscover.com

Library of Congress Control Number: 2020951984

ISBN 978-1-7911-3549-2 (hardcover)

Printed in Guangzhou, China
1 2 3 4 5 6 7 8 9 0 25 24 23 22 21

012021
102520

English Editor: Katie Gillespie
Spanish Editor: Ana María Vidal
Designer: Mandy Christiansen
Spanish/English Translator: Translation Services USA

The publisher acknowledges Getty Images, iStock, Alamy, and Shutterstock as the primary image suppliers for this title.

EYEDISCOVER proporciona contenido enriquecido, optimizado para el uso en tabletas, que complementa este libro. Los libros de EYEDISCOVER se esfuerzan por crear un aprendizaje inspirado e involucrar a las mentes jóvenes en una experiencia de aprendizaje total.

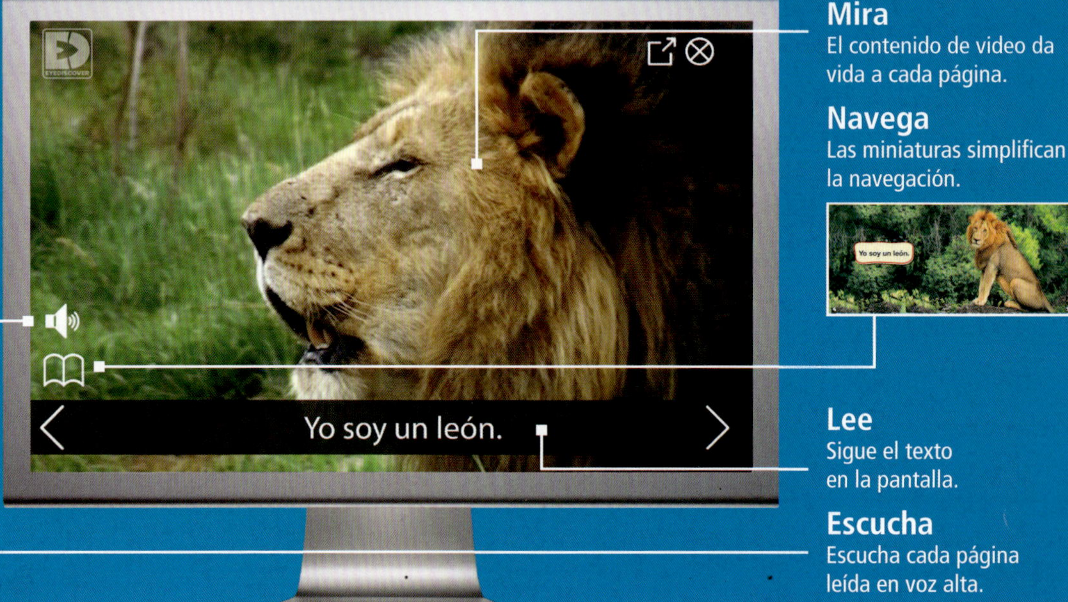

Mira
El contenido de video da vida a cada página.

Navega
Las miniaturas simplifican la navegación.

Lee
Sigue el texto en la pantalla.

Escucha
Escucha cada página leída en voz alta.

Tu EYEDISCOVER con Seguimiento de Lectura Óptico cobra vida con...

Audio
Escucha todo el libro leído en voz alta.

Video
Los videos de alta resolución convierten cada hoja en un seguimiento de lectura óptico.

OPTIMIZADO PARA

- TABLETAS
- PIZARRAS ELECTRÓNICAS
- COMPUTADORES
- ¡Y MUCHO MÁS!

En este libro aprenderás

- cómo son
- qué comen
- dónde viven
- ¡y mucho más!

El zorro volador es un tipo de murciélago. Los murciélagos son los únicos mamíferos que pueden volar.

Los zorros voladores tienen la cara parecida a la del zorro. Por eso se los llama así.

Los zorros voladores viven en las selvas tropicales de Australia y Asia.

Los zorros voladores son muy grandes. Son los murciélagos más grandes de la Tierra.

Los murciélagos descansan o duermen colgados cabeza abajo. Esta es su posición de reposo.

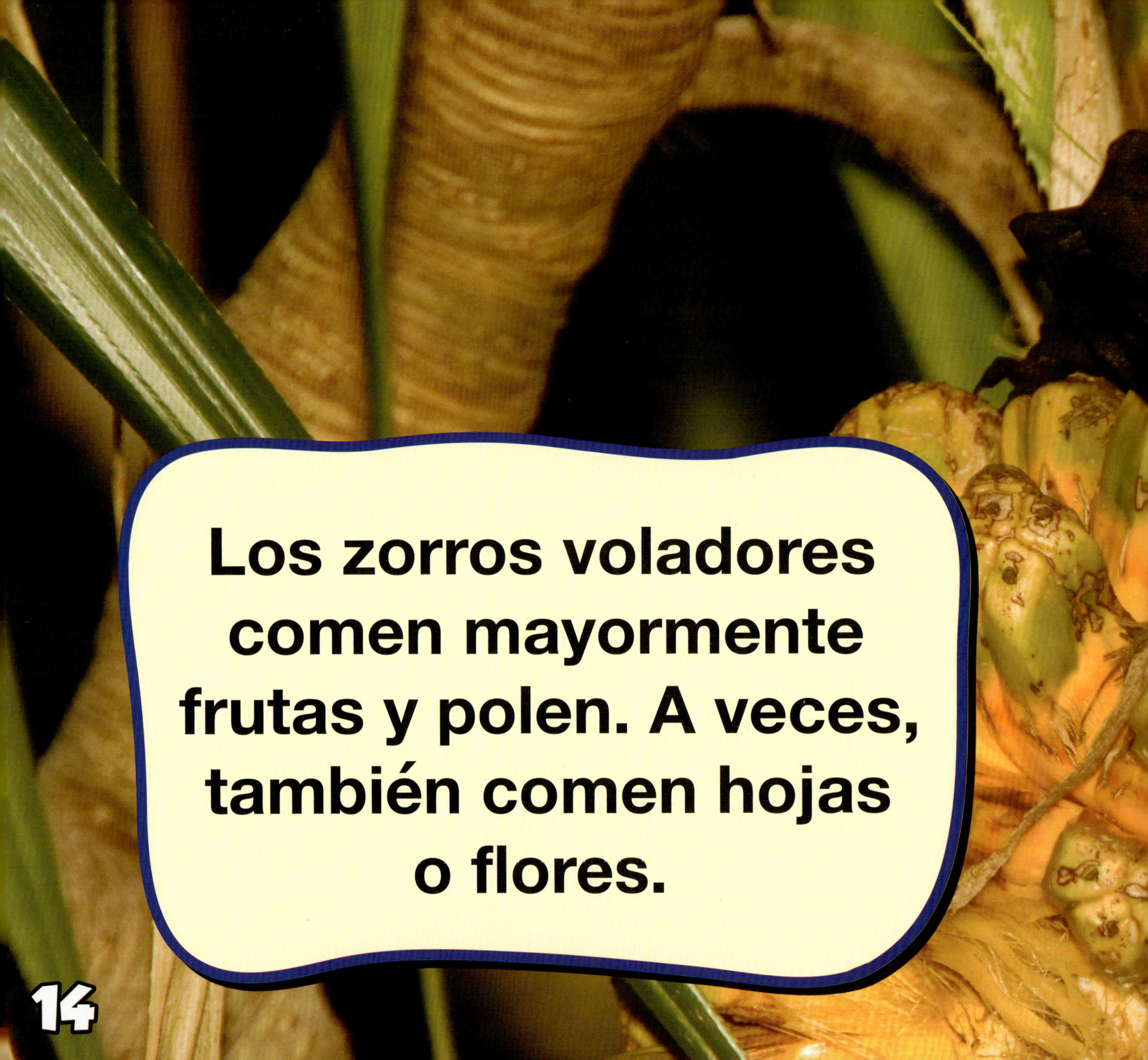

Los zorros voladores comen mayormente frutas y polen. A veces, también comen hojas o flores.

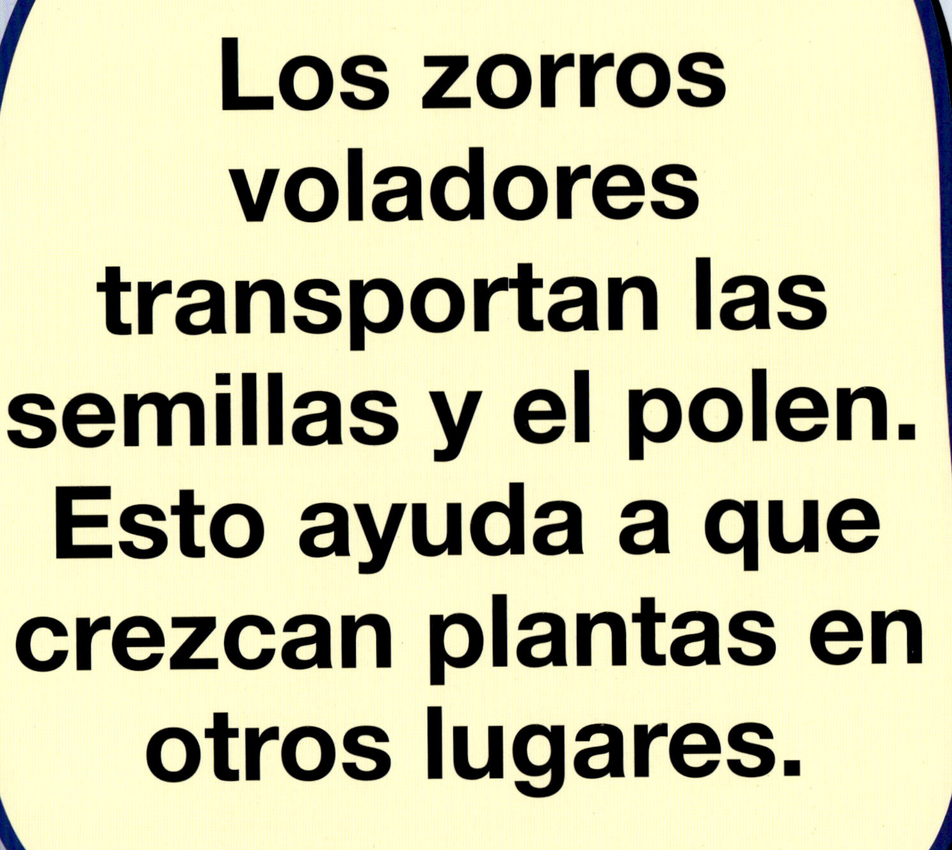

Los zorros voladores transportan las semillas y el polen. Esto ayuda a que crezcan plantas en otros lugares.

Los zorros voladores pueden ver y oír muy bien. Estos sentidos los ayudan a encontrar su camino.

Sin los zorros voladores, algunos árboles no crecerían. Es importante que no los molestemos.

Los murciélagos representan el 25% de los mamíferos de la Tierra.

Los zorros voladores son los murciélagos más pesados del mundo. Llegan a pesar 3,3 libras (1,5 kilogramos).

Las hembras tienen una cría por año.

6′

La **envergadura** de las alas de un **zorro volador** es de aproximadamente **6 pies de ancho** (1,8 metros). Esto es casi **la altura** de **una persona**.

En **Australia Continental** viven **cuatro especies** de **zorros voladores**.

Australia

Los **zorros voladores** **comienzan a volar** entre las **8 y 10 semanas de vida**.

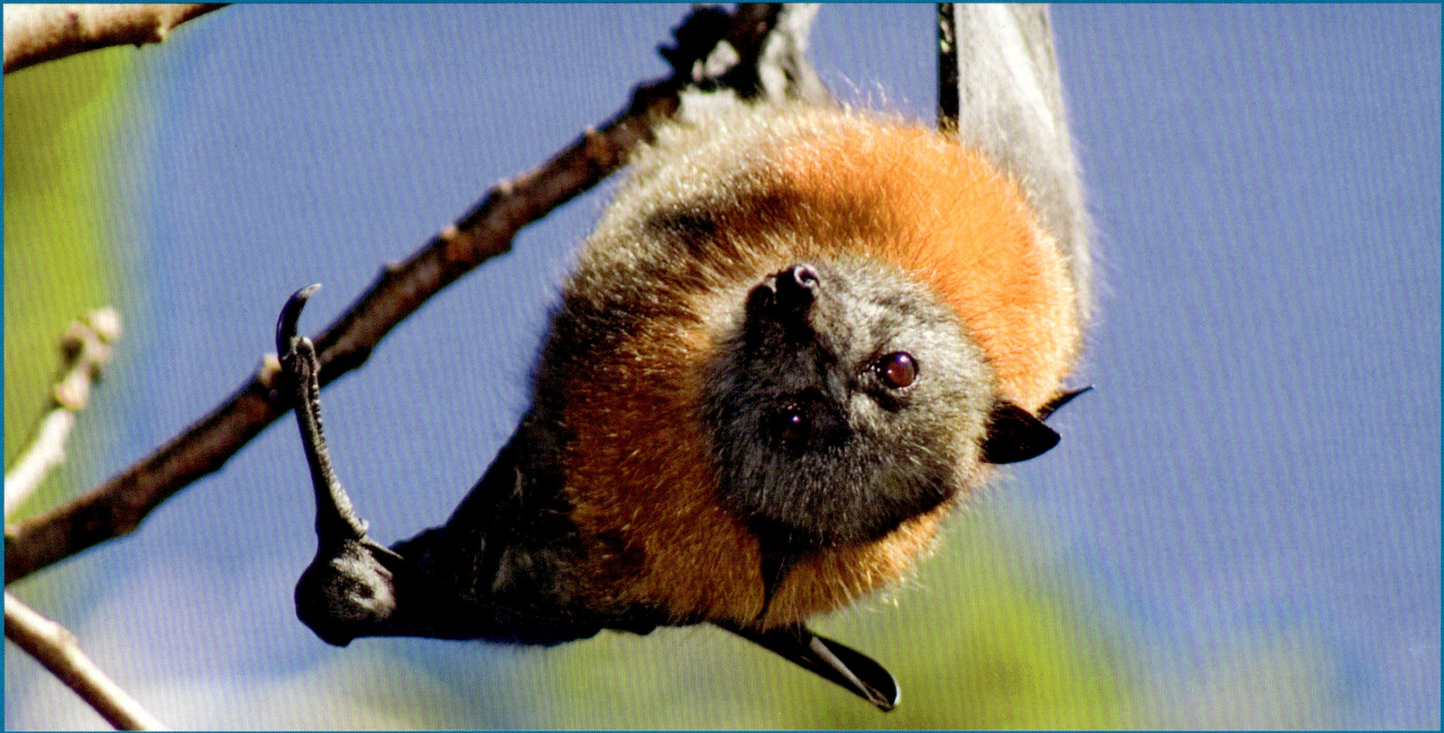

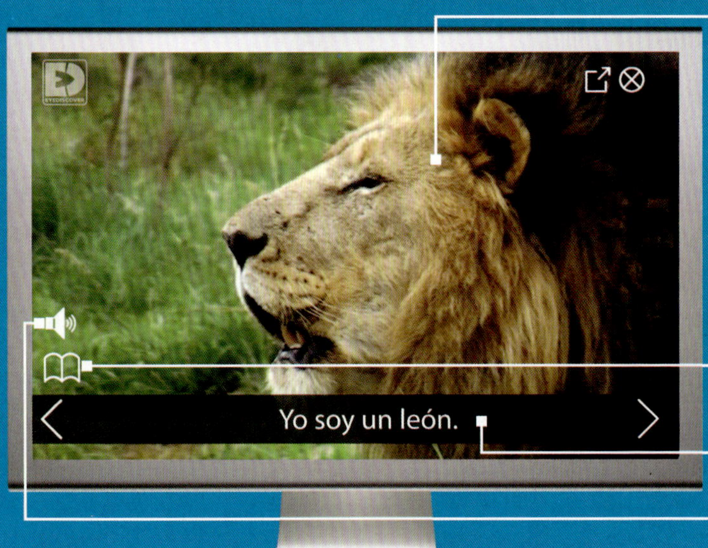

Mira
El contenido de video da vida a cada página.

Navega
Las miniaturas simplifican la navegación.

Lee
Sigue el texto en la pantalla.

Escucha
Escucha cada página leída en voz alta.

Ve a www.eyediscover.com e ingresa el código único de este libro.

CÓDIGO DEL LIBRO

AVJ45532